Impressum
Verlag: BABADADA GmbH, Nedderfeld 112 , 22529 Hamburg
Geschäftsführer / Verlagsleitung: Harald Hof
Druck: Books on Demand GmbH, In de Tarpen 42, 22848 Norderstedt

Imprint
Publisher: BABADADA GmbH, Nedderfeld 112 , 22529 Hamburg, Germany
Managing Director / Publishing direction: Harald Hof
Print: Books on Demand GmbH, In de Tarpen 42, 22848 Norderstedt

école
sekolo

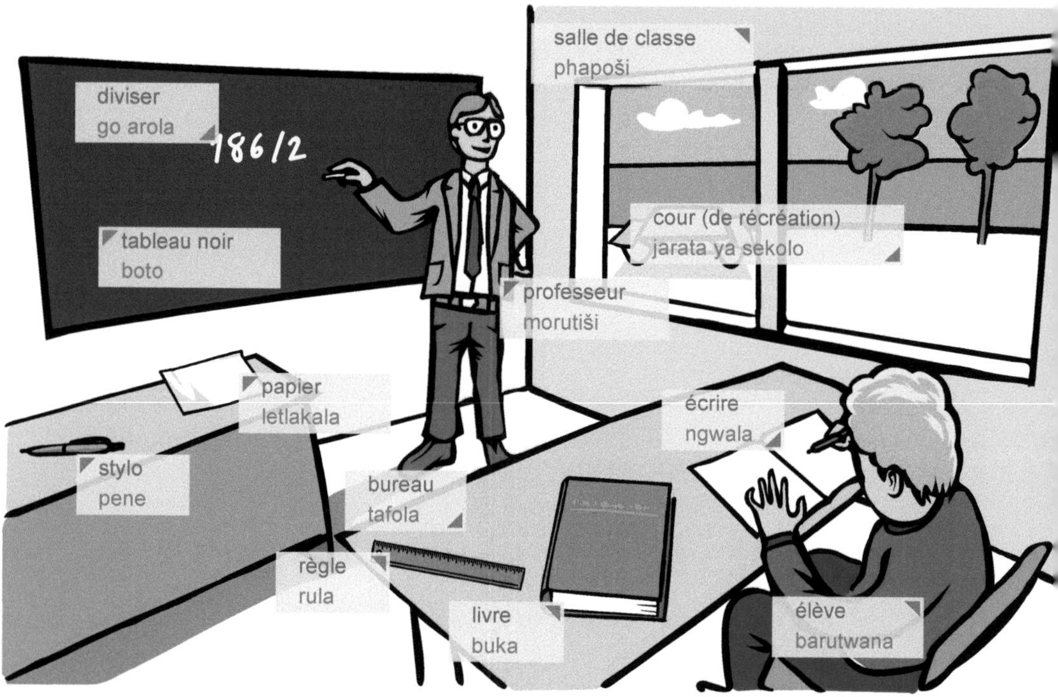
salle de classe
phapoši
diviser
go arola
186/2
tableau noir
boto
cour (de récréation)
jarata ya sekolo
professeur
morutiši
papier
letlakala
écrire
ngwala
stylo
pene
bureau
tafola
règle
rula
livre
buka
élève
barutwana

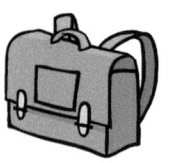

cartable

peke

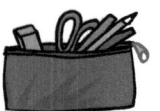

trousse

kheise ya phensele

crayon

phensele

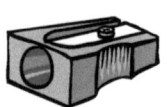

taille-crayon

motšhene wa go betla phensele

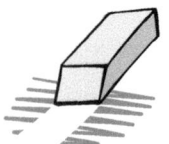

gomme

rabhara

carnet à dessin

phede ya ho thala

dessin

go thala

pinceau

borashe ya go penta

boîte de peinture

lepokisi la go penta

ciseaux

sekero

colle

sekgomaretši

cahier d'exercices

puku ya go ngwala

devoirs

mošomo wa gae

chiffre

nomoro

additionner

tlatša

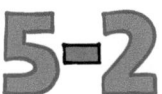

soustraire

go ntšha

multiplier

go atiša

calculer

khalekhuleitha

lettre

lengwalo

alphabet

alefapete

mot

lentšu

texte
mongolo

lire
bala

craie
tšhoko

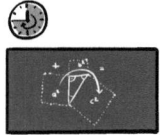

leçon
thuto

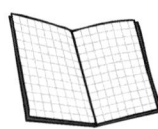

livre de classe
puku ya maina

examen
thuto

certificat
setifikeite

uniforme scolaire
diaparo tša sekolo

formation
thuto

lexique
encyclopedia

université
yunibesithi

microscope
maekrosekoupo

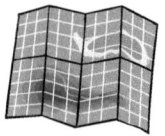

carte
mmapa

corbeille à papier
pasekete ya matlakala a
ditšhila

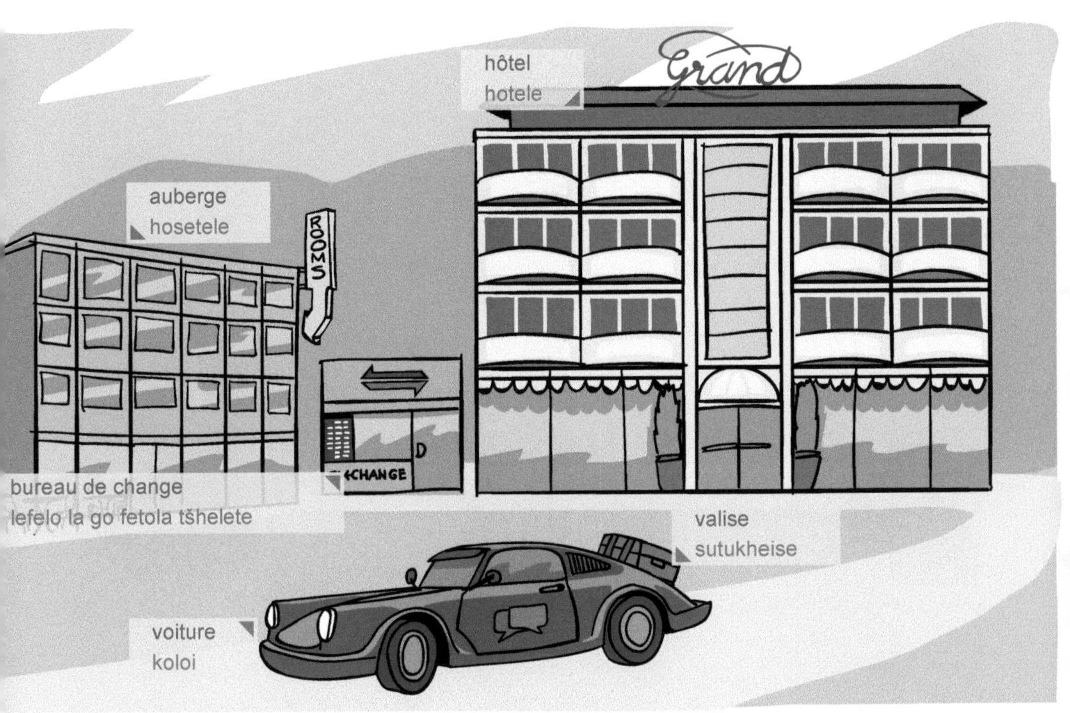

hôtel
hotele
Grand
auberge
hosetele
ROOMS
CHANGE
bureau de change
lefelo la go fetola tšhelete
valise
sutukheise
voiture
koloi

langue
Leleme

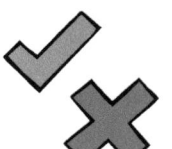

oui / non
ee / aowa

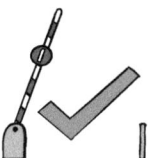

d'accord
Go lokile

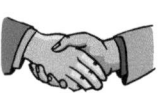

Salut
Dumela

interprète
mofetoledi

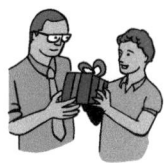

merci
Re a leboga

Combien coûte...?

... ke bokae?

Je ne comprends pas

ga ke kwešiše

problème

bothata

Bonsoir !

Thobela!

Bonjour !

Meso e mebotse!

Bonne nuit !

Robala botse!

Au revoir

šala gabotse

direction

keletšo ya tsela

bagages

peke

sac

peke

sac-à-dos

mokotla wa dipuku

hôte

moeng

pièce

phapoši

sac de couchage

pekana ya go robala

tente

mokhukhu

office de tourisme

boitsebišo bja moeti

plage

lewatleng

carte de crédit

karata ya mokitlana

petit-déjeuner

dijo tša mesong

déjeuner

matena

dîner

dijo tša mantšiboa

billet

thikethe

ascenseur

lifithi

timbre

setempe

frontière

border

douane

setlwaedi

ambassade

embassy

visa

visa

passeport

phasepoto

transport
senamelwa

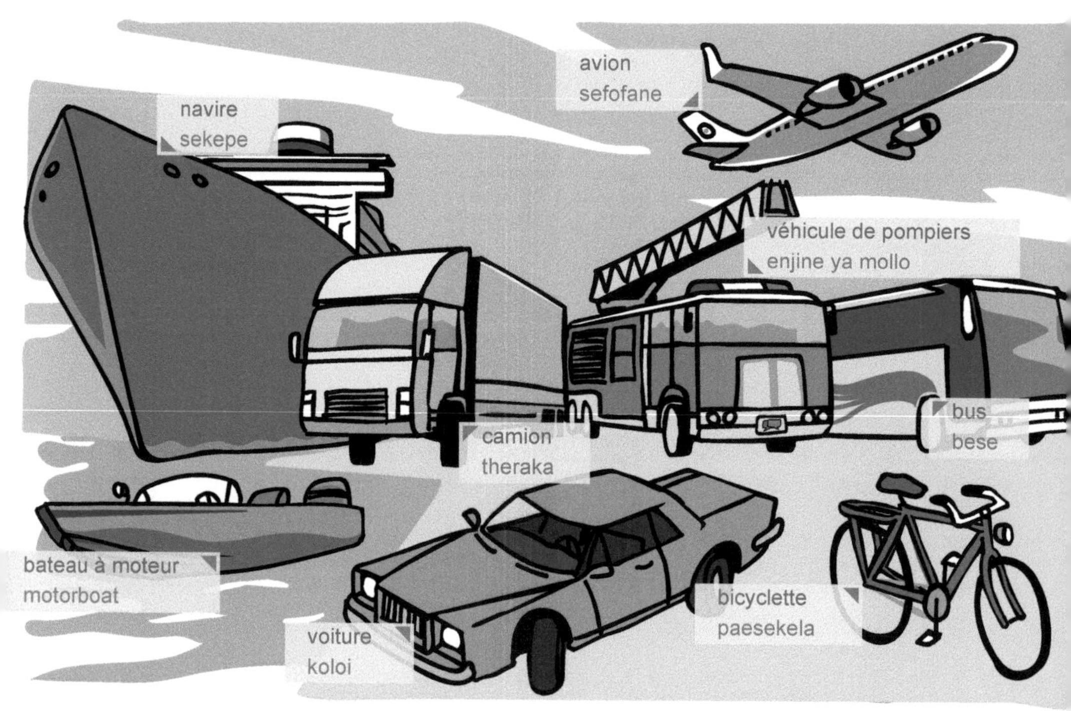
avion
sefofane
navire
sekepe
véhicule de pompiers
enjine ya mollo
bus
bese
camion
theraka
bateau à moteur
motorboat
bicyclette
paesekela
voiture
koloi

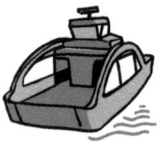

ferry

feri

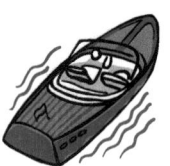

barque

sekepe

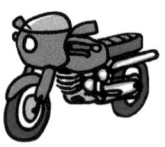

moto

sethuthuthu

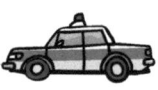

voiture de police

koloi ya maphodisa

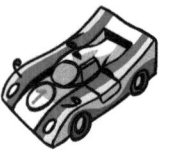

voiture de course

koloi ya go šiašiana

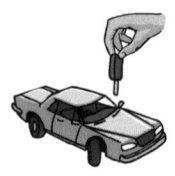

voiture de location

koloi ya go rentišwa

auto-partage

go arogana koloi

voiture de remorquage

theraka ya go goga

benne à ordures

theraka ya ditlakala

moteur

mmotho

essence

makhura

station d'essence

seteišene sa makhura

panneau indicateur

leswao la therafiki

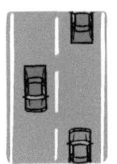

trafic

therafiki

embouteillage

therafiki

parking

lefelo la go phaka dikoloi

gare

seteišene sa terene

rails

tsela

train

terene

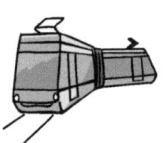

tramway

theramo

wagon

koloi

hélicoptère
sefofane

aéroport
boemafofane

tour
serokami

passager
monamedi

conteneur
seswari

carton
lepokisana

chariot
khathe

corbeille
basket

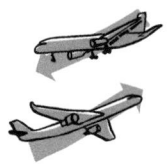

décoller / atterrir
go tloga / go kwatama

ville

toropo

village
motse

centre-ville
bogareng bja toropo

maison
ntlo

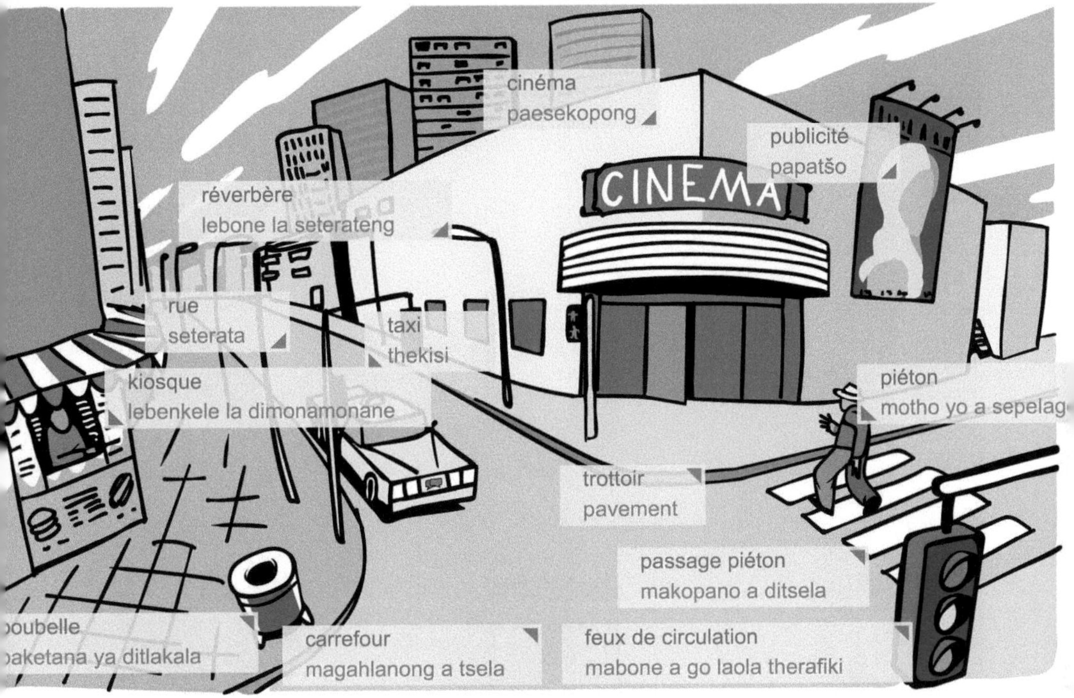

cinéma
paesekopong

publicité
papatšo

réverbère
lebone la seterateng

rue
seterata

taxi
thekisi

kiosque
lebenkele la dimonamonane

piéton
motho yo a sepelag

trottoir
pavement

passage piéton
makopano a ditsela

poubelle
paketana ya ditlakala

carrefour
magahlanong a tsela

feux de circulation
mabone a go laola therafiki

cabane

mokutwana

appartement

folete

gare

seteišene sa terene

mairie

holo ya toropong

musée

museamo

école

sekolo

ville - toropo

université

yunibesithi

banque

panka

hôpital

sepetlele

hôtel

hotele

pharmacie

lebenkele la dihlare

bureau

ofisi

librairie

lebenkele la dipuku

magasin

lebenkele la dijo

fleuriste

lebenkele la matšoba

supermarché

lebenkele la dihlare

marché

mmakete

grand magasin

lebenkele la dilo tše dintši

poissonnerie

fishmonger's

centre commercial

lefelo la mabenkele

port

boemakepe

parc

phaka

banque

bench

pont

leporogo

escaliers

ditepisi

métro

ka tlase

tunnel

thanele

arrêt de bus

boemela pese

bar

bar

restaurant

lebenkele la dijo

boîte à lettres

lepokisi la poso

panneau indicateur

leswao la seterata

parcmètre

mithara wa go phaka koloi

zoo

zuu

piscine

letamo la go rutha

mosquée

lefelo la mamoseleme

ferme

polasa

pollution

tšhilafalo

cimetière

mabitla

église

kereke

aire de jeux

lefelo la go bapala

temple

tempele

paysage
lefelo la dithaba

feuille
letlakala

panneau indicateur
leswao la tsela

chemin
tsela

pré
lefelo kgauswi le noka

pierre
letlapa

arbre
mohlare

randonneur
mophara thaba

rivière
noka

herbe
bjang

fleur
letšoba

vallée

tsela

montagne

thaba

lac

letangwana la meetsi

forêt

sethokgwa

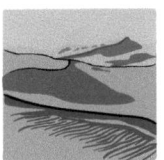

désert

leganata

volcan

thabamollo

château

ntlo e kgolo

arc-en-ciel

molalatladi

champignon

mushroom

palmier

palm tree

moustique

monang

mouche

fofa

fourmis

ditšhošwane

abeille

nosi

araignée

segokgo

paysage - lefelo la dithaba

15

coléoptère

khunkhwane

grenouille

segwagwa

écureuil

squirrel

hérisson

noko

lièvre

mmutla

chouette

leribiši

oiseau

nonyana

cygne

mogolodi

sanglier

kolobe ya naga

cerf

phuthi

élan

phuthi

barrage

letamo

éolienne

wind turbine

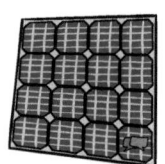

panneau solaire

phanele ya solar

climat

leratadima

restaurant
lebenkele la dijo

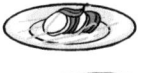

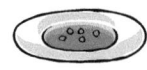

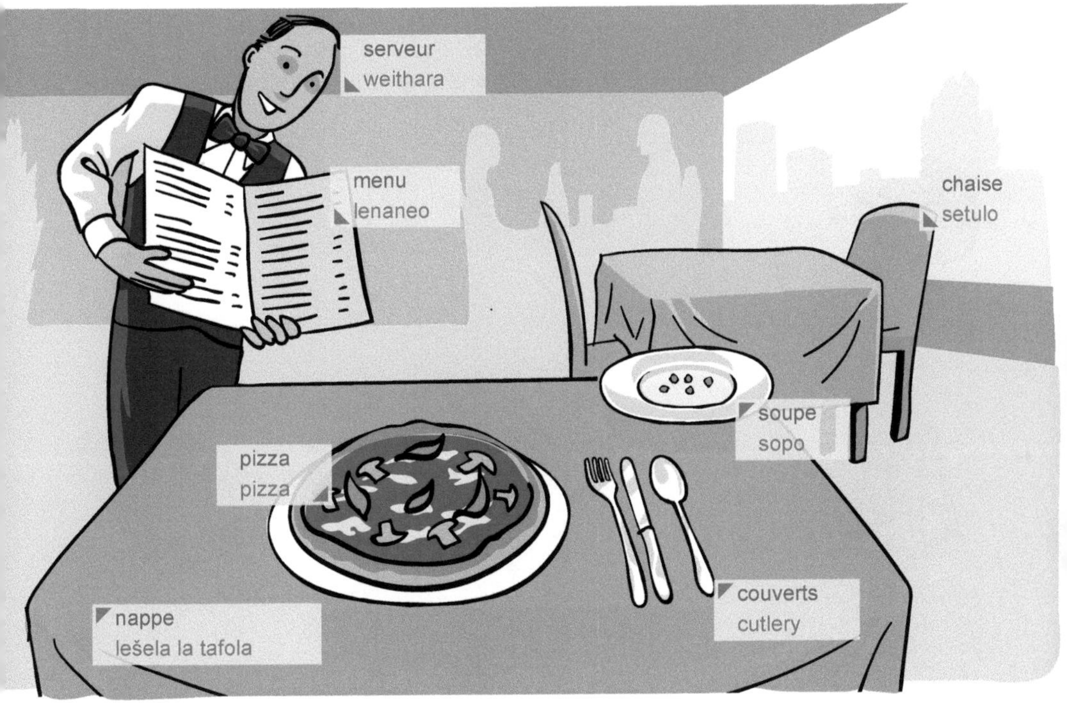
serveur
weithara
menu
lenaneo
chaise
setulo
soupe
sopo
pizza
pizza
couverts
cutlery
nappe
lešela la tafola

hors d'œuvre

dijo tša mathomo

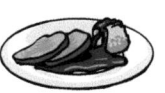

plat principal

dijo

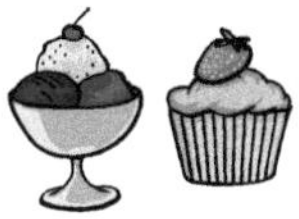

dessert

dimonamonane

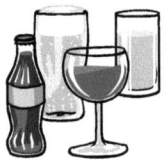

boissons

dino

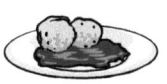

alimentation

dijo

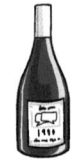

bouteille

lepotlelo la ngwana

fast-food

fastfood

plats à emporter

dijo tša seterateng

théière

ketlele ya tea

sucrier

poleitana swikiri

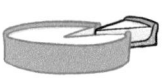

portion

karolo

machine à expresso

motšhene wa espresso

chaise haute

setulo sa godimo

facture

tefo

plateau

therei

couteau

thipa

fourchette

foroko

cuillère

lelepola

cuillère à thé

lelepola

serviette

lešela la go iphomola

verre

galase

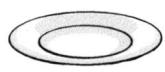

assiette

poleite

assiette à soupe

poleite ya sopo

soucoupe

sosara

sauce

moroto

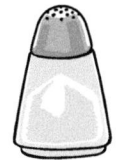

salière

poto ya letswai

moulin à poivre

sešila phepha

vinaigre

vinegar

huile

makhura

épices

sepaese

ketchup

tamatisoso

moutarde

masetete

mayonnaise

mayonnaise

supermarché
lebenkele la dihlare

offre promotionnelle
dithekišo tša tlase
FOR
client
moreki
produits laitiers
dijo tša go ba le maswi
fruits
dikenywa
chariot
teroli

BUTCHERS

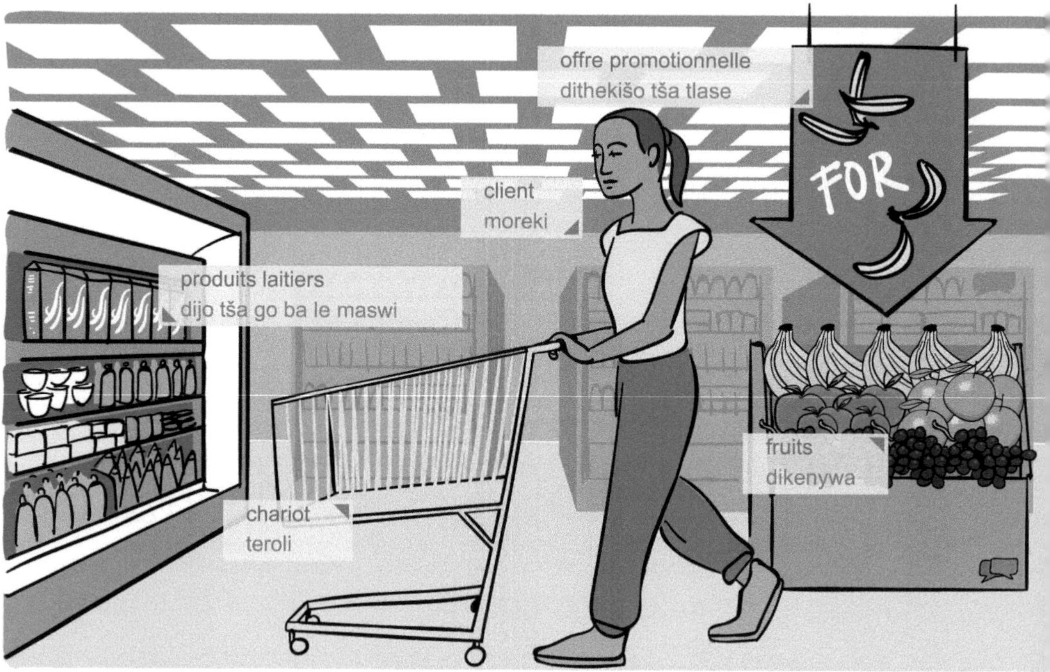

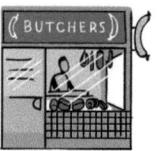

boucherie

selaga

BAKERY

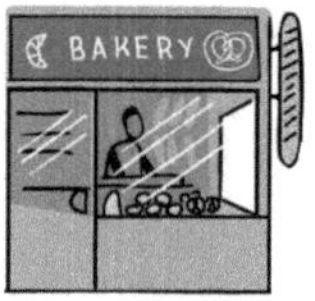

boulangerie

moapei wa dikuku

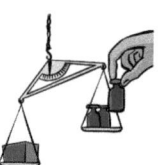

peser

kala

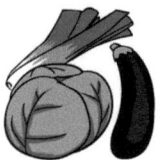

légumes

merogo

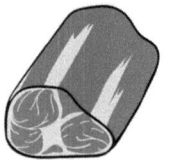

viande

nama

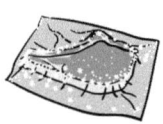

aliments surgelés

dijo tše gahlišitšwego

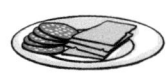

charcuterie

nama ya go tonya

conserves

tinned food

poudre à lessive

sešepi sa go hlatswa

bonbons

dimonamonane

articles ménagers

dilo tša ka ntlong

détergents

didirišwa tša go hlwekiša

vendeuse

morekiši

caisse

till

caissier

morekiši

liste d'achats

lenaneo la tše rekišwago

heures d'ouverture

diiri tša go bula

portefeuille

sepatšhe

carte de crédit

karata ya mokitlana

sac

peke

sac en plastique

peke ya polasetiki

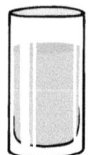

eau

meetsi

jus de fruit

Juice

lait

maswi

coca

coke

vin

beine

bière

bhiri

alcool

bjala

chocolat chaud

cocoa

thé

tea

café

kofi

expresso

espresso

cappuccino

cappuccino

banane

banana

pomme

apola

orange

namome

melon

melon

citron

namone

carotte

carrot

ail

garlic

bambou

bamboo

oignon

keiye

champignon

mushroom

noisettes

ditokomane

pâtes

noodles

spaghetti

spaghetti

riz

raese

salade

salate

pommes frites

ditšhipisi

pommes de terre rôties

matapola a gadikilwego

pizza

pizza

hamburger

hambeka

sandwich

sandwich

escalope

cutlet

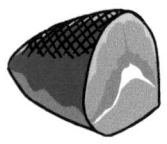

jambon

ham

salami

salami

saucisse

sausage

poulet

kgogo

rôti

gadika

poisson

hlaphi

flocons d'avoine

bogobe bja oats

muesli

muesli

cornflakes

cornflakes

farine

folouro

croissant

croissant

petits-pains

dipanse

pain

borotho

pain grillé

toaster

biscuits

dipisikiti

beurre

botoro

le fromage blanc

curd

gâteau

kuku

œuf

lee

œuf au plat

lee le gadikilwego

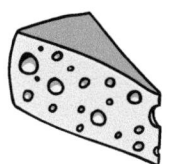

fromage

tshese

glace

ice cream

sucre

swikiri

miel

todi ya dinosi

confiture

jeme

crème nougat

chocolate spread

curry

curry

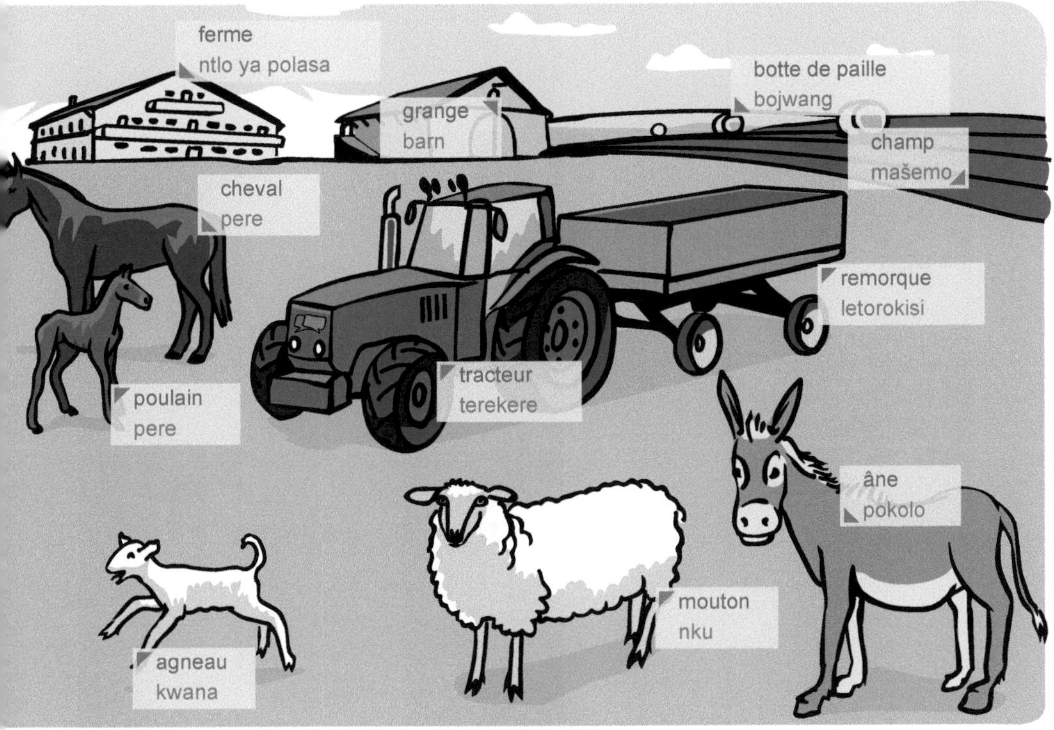

ferme
ntlo ya polasa

botte de paille
bojwang

grange
barn

champ
mašemo

cheval
pere

remorque
letorokisi

poulain
pere

tracteur
terekere

âne
pokolo

mouton
nku

agneau
kwana

chèvre

pudi

vache

kgomu

veau

namane

porc

kolobe

porcelet

kolobjana

taureau

poo

oie

leganse

canard

leganse

poussin

letswienyane

poule

kgogo

coq

mokoko

rat

legotlo

chat

katse

souris

legotlo

bœuf

pholo

chien

mpšha

chenil

ntlwana ya mpšha

tuyau de jardin

lethompo la seratswana

arrosoir

khene ya meetse

faucheuse

peke

charrue

megoma ya terekere

faucille

sekele

pioche

mogoma

fourche

foroko

hache

selepe

brouette

kiribai

cuve

letangwana la meetsi

pot à lait

khene ya maswi

sac

lesaka

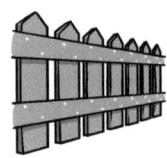

clôture

fense

étable

stable

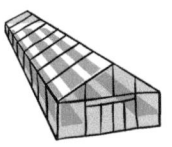

serre

ntlwana ya galase ya dihlare

sol

mobu

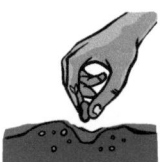

semences

peu

engrais

manyora

moissonneuse-batteuse

motšhene wa go buna

récolter
buna

récolte
buna

igname
tse monate

blé
korong

soja
soy

pomme de terre
letapola

maïs
korong

colza
rapeseed

arbre fruitier
mohlare wa dikenywa

manioc
cassava

céréales
disereale

maison
ntlo

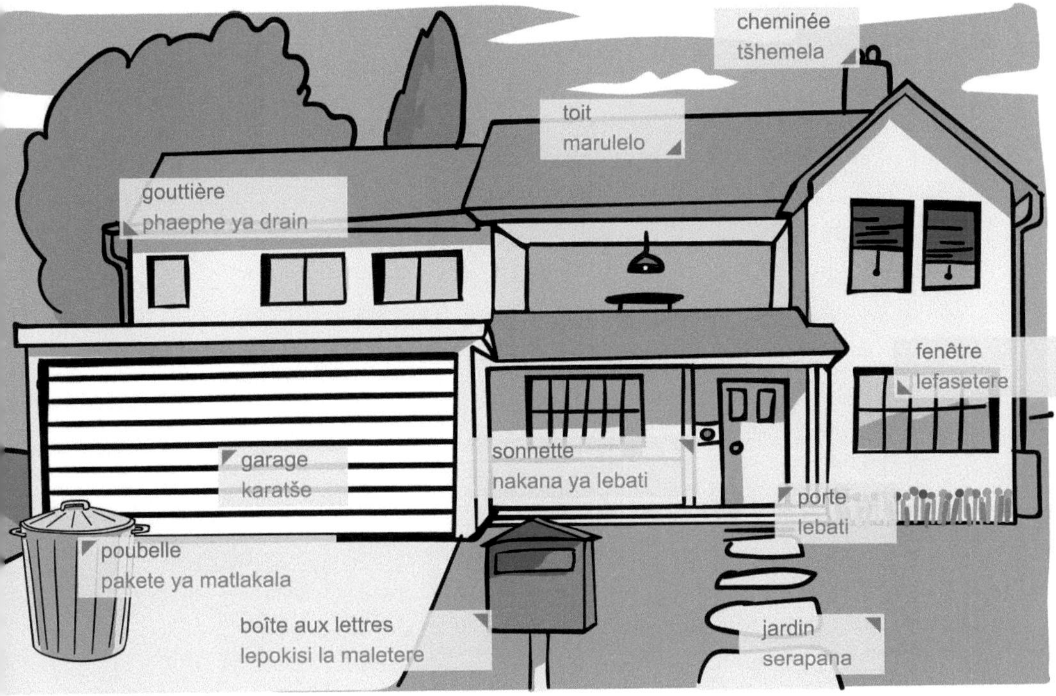
cheminée
tšhemela
toit
marulelo
gouttière
phaephe ya drain
fenêtre
lefasetere
garage
karatše
sonnette
nakana ya lebati
porte
lebati
poubelle
pakete ya matlakala
boîte aux lettres
lepokisi la maletere
jardin
serapana

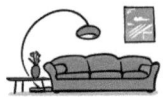

salon

phapoši ya go dula

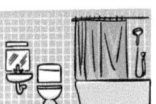

salle de bain

kamora ya go hlapela

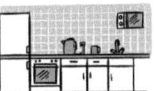

cuisine

boapeelo

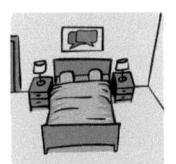

chambre à coucher

phapoši ya go robala

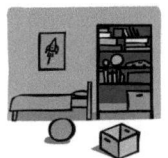

chambre d'enfant

phapoši ya bana

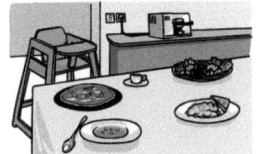

salle à manger

lefelo la boiketlo

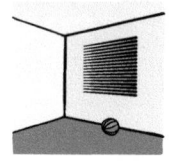

sol
fase

mur
lebota

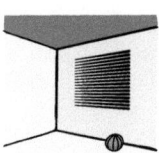

plafond
siling

cave
cellar

sauna
sauna

balcon
letsikangope

terrasse
lelapa

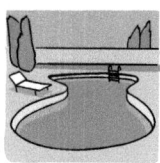

piscine
letamo la go rutha

tondeuse à gazon
motšhene wa go sega bjang

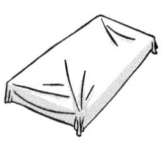

housse
lešela la go iphomola

couette
lešela la mpeto

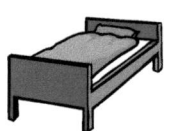

lit
mpeto

balai
leswielo

sceau
pakete

interrupteur
pholaka

salon

phapoši ya go dula

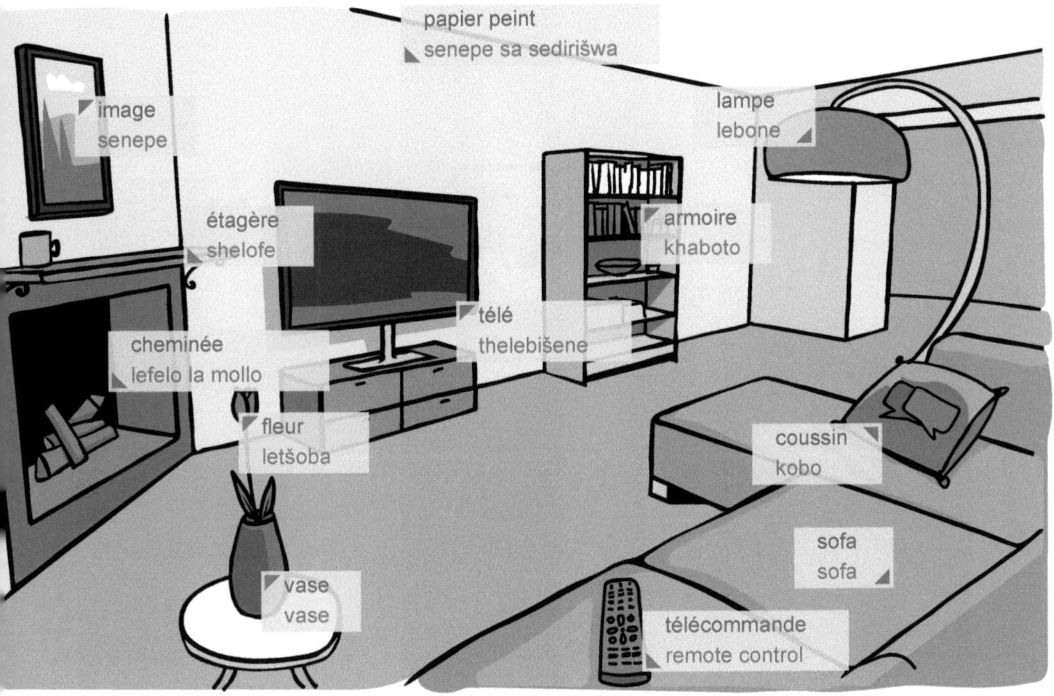

papier peint
senepe sa sedirišwa
image
senepe
lampe
lebone
étagère
shelofe
armoire
khaboto
télé
thelebišene
cheminée
lefelo la mollo
fleur
letšoba
coussin
kobo
sofa
sofa
vase
vase
télécommande
remote control

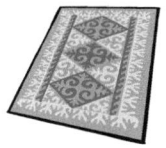

tapis

khaphete

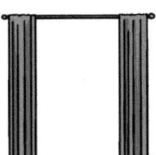

rideau

garetene

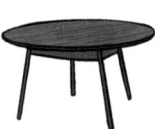

table

tafola

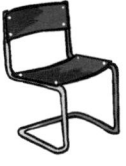

chaise

setulo

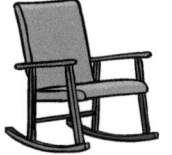

chaise à bascule

rocking chair

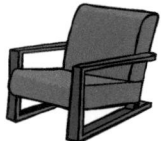

fauteuil

armchair

livre

buka

couverture

kobo

décoration

bokgabišo

bois de chauffage

dikota tša mollo

film

filimi

chaîne hi-fi

sedirišwa sa hi-fi

clé

senotlelo

journal

kuranta

peinture

go penta

poster

phouseta

radio

radio

bloc-notes

pukwana ya go ngwala

aspirateur

motšhene wa go hlwekiša

cactus

mohlašana wa cactus

bougie

kerese

cuisine
boapeelo

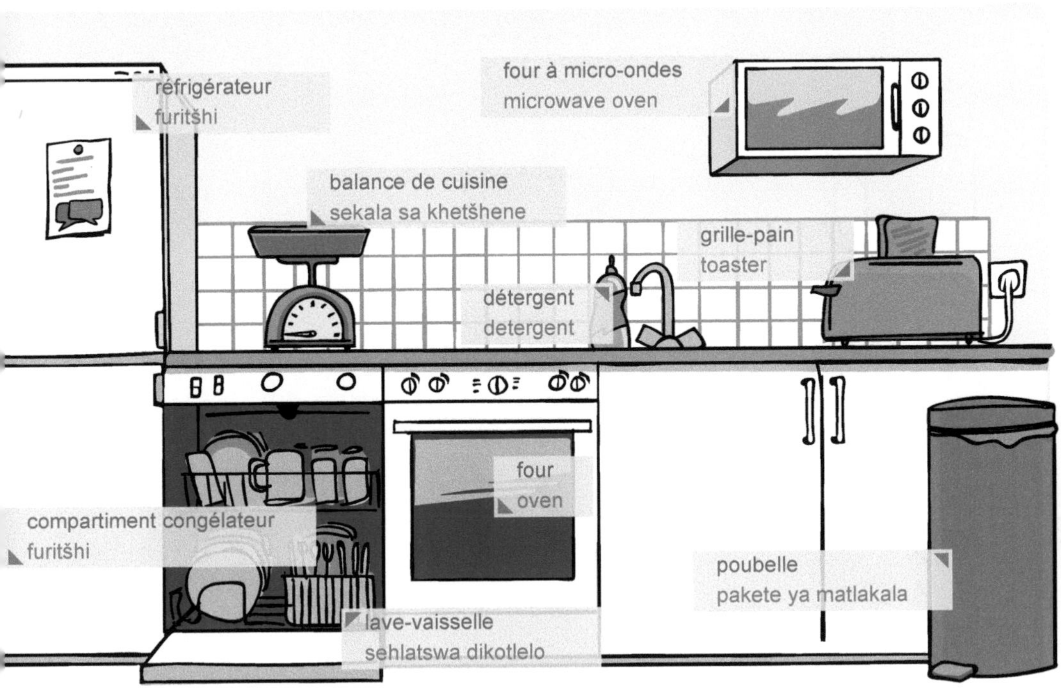
réfrigérateur
furitšhi
four à micro-ondes
microwave oven
balance de cuisine
sekala sa khetšhene
grille-pain
toaster
détergent
detergent
four
oven
compartiment congélateur
furitšhi
poubelle
pakete ya matlakala
lave-vaisselle
sehlatswa dikotlelo

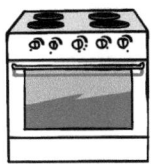

four
moapei

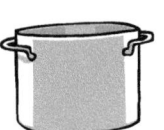

casserole
pitša

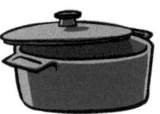

marmite
cast-iron pot

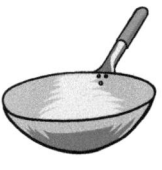

wok / kadai
wok / kadai

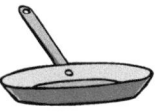

poêle
pane

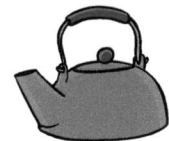

bouilloire electrique
ketlele

cuiseur vapeur

steamer

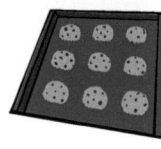

plaque de cuisson

therei ya go paka

vaisselle

dikotlelo

gobelet

komiki

coupe

mogopo

baguettes

diphathana tša go ja

louche

lelepola la ladle

spatule

spatula

fouet

whisk

passoire

strainer

tamis

sefo

râpe

kereitara

mortier

mortar

barbecue

barbecue

cheminée

thuntšha

planche à découper

boto ya dijo

rouleau à pâtisserie

rolling pin

tire-bouchon

sebula lepotlelo

boîte

khene

ouvre-boîte

sebula khene

maniques

seswara dipoto

lavabo

sinki

brosse

borashe

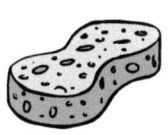

éponge

sepontše

mixeur

sehlakanyi

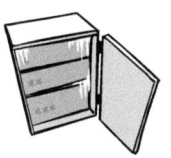

congélateur

freezer

biberon

lepotlelo la ngwana

robinet

pompi

salle de bain
kamora ya go hlapela

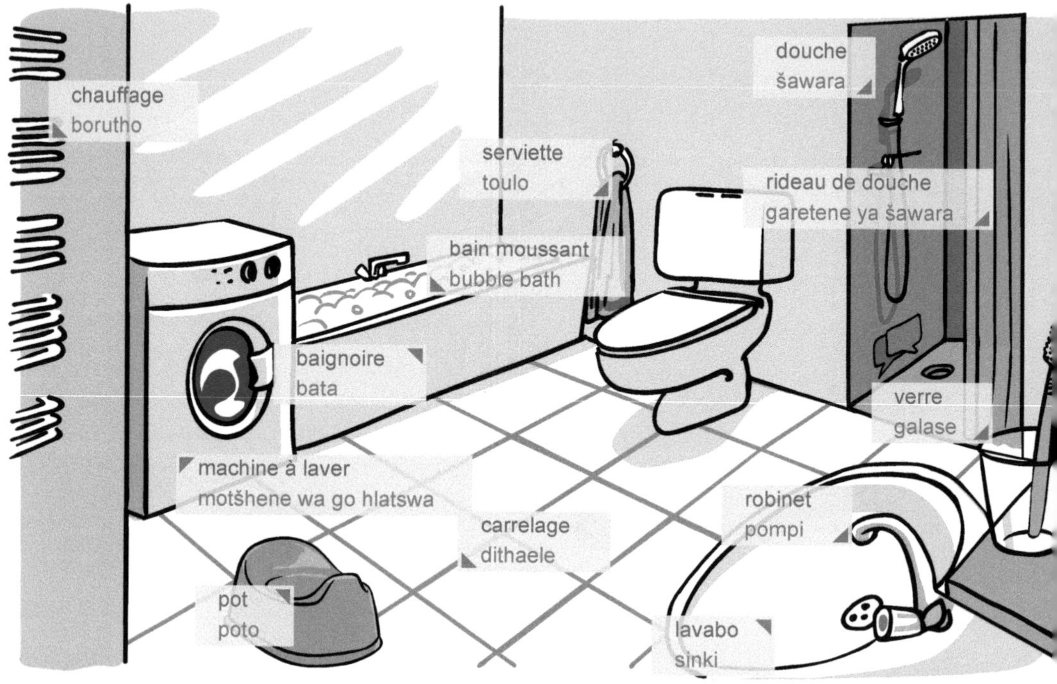

chauffage
borutho
douche
šawara
serviette
toulo
rideau de douche
garetene ya šawara
bain moussant
bubble bath
baignoire
bata
verre
galase
machine à laver
motšhene wa go hlatswa
robinet
pompi
carrelage
dithaele
pot
poto
lavabo
sinki

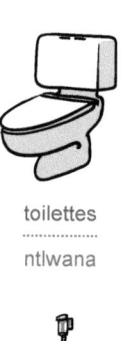

toilettes

ntlwana

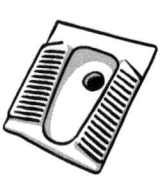

toilette à la turque

ntlwana ya ho tshorama

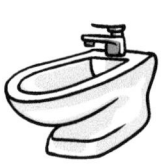

bidet

bidet

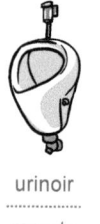

urinoir

moroto

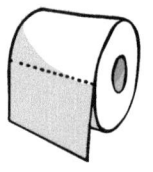

papier toilette

pampiri ya ntlwana

brosse à toilette

borаše ya ntlwana

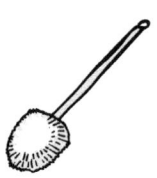

brosse à dents
poraše ya ho hlapa meno

dentifrice
sešepi sa meno

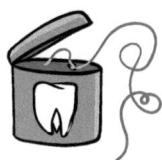

fil dentaire
floss ya meno

laver
hlatswa

douche manuelle
shawara ya go swarwa ka matsogo

douche intime
douche

vasque
basin

brosse dorsale
back brush

savon
sešepi

gel douche
sešepi sa ka šawareng

shampooing
shampoo

gant de toilette
folene

écoulement
drain

crème
sa go tlola

déodorant
senkgiša bose

miroir

seipone

miroir cosmétique

sepili se senyenyane

rasoir

legare

mousse à raser

shaving foam

après-rasage

aftershave

peigne

kamo

brosse

boraše

sèche-cheveux

derayara ya moriri

laque pour cheveux

setlola sa moriri

fond de teint

makeup

rouge à lèvres

setlola sa molomo

vernis à ongles

varnish ya manala

ouate

wulu

coupe-ongles

sekero sa dinala

parfum

phefumo

trousse de toilette

pekana ya tša go hlapa

tabouret

setulo

pèse-personne

sekala

peignoir

toulwana ya go hlapa

gants de nettoyage

ditlelafo tša rabara

tampon

tampon

serviettes hygiéniques

toulo ya go phumula
matsogo

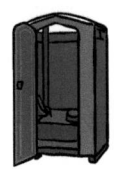

toilette chimique

ntlwana ya dikhemikhale

chambre d'enfant

phapoši ya bana

réveil
watšhe ya alamo
doudou
mpopi
voiture jouet
koloi ya go bapadiša
hochet
rattle ya bana
maison de poupée
ntlo ya mepopi
cadeau
present

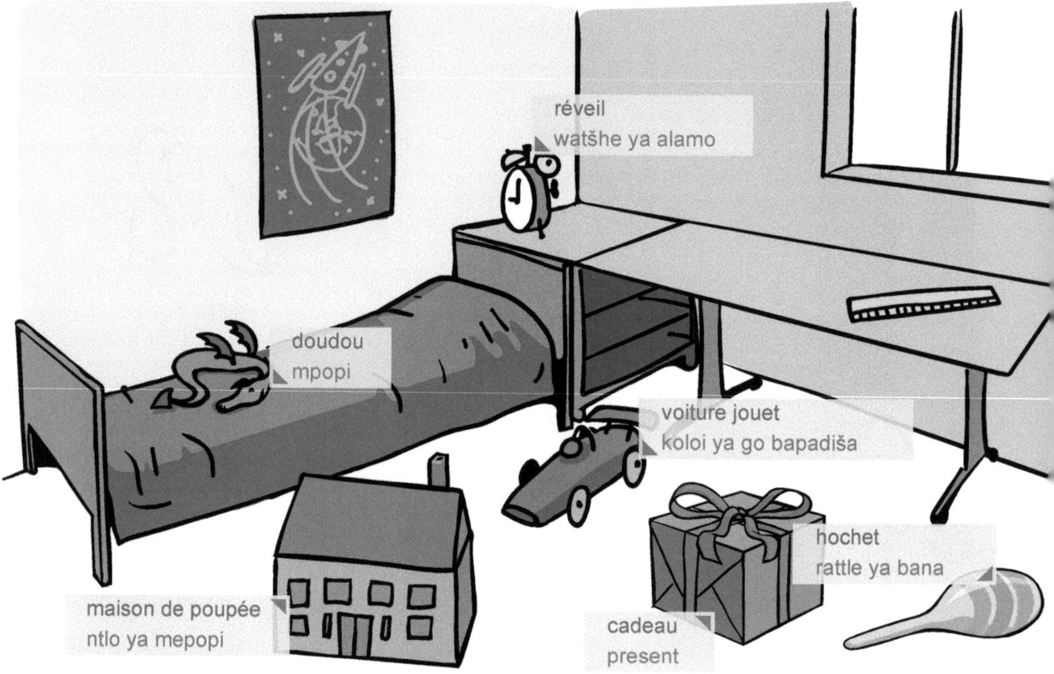

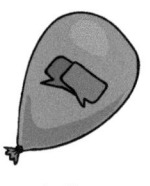

ballon

baluni

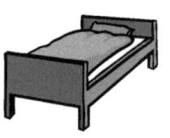

lit

mpeto

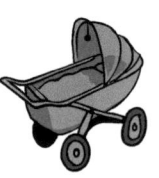

poussette

phorema

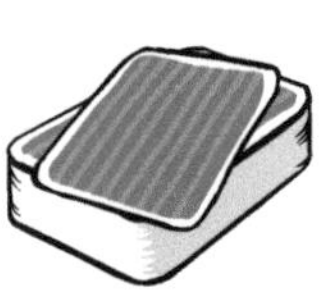

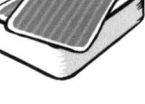

jeu de cartes

dikarata

puzzle

papadi ya jigsaw

SUPER MEGA

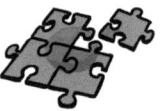

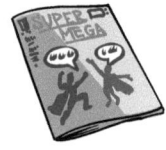

bande dessinée

metlae

pièces lego

papadi ya lego bricks

blocs de construction

papadi ya building blocks

figurine

action figure

grenouillère

go gola ga ngwana

frisbee

papadi ya Frisbee

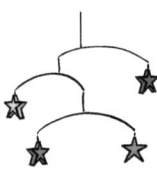

mobile

mobile

jeu de société

papadi ya boto

dé

letaese

train miniature

model train set

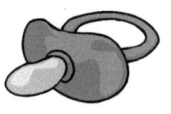

sucette

tami

fête

phathi

livre d'images

puku ya dinepe

balle

kgwele

poupée

mpopi

jouer

bapala

bac à sable
sandpit

balançoire
swing

jouets
tša go bapadiša

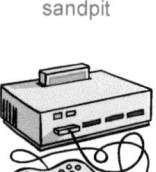

console de jeu
sediriša sa dipapadi tša bidio

tricycle
paesekele ya bana

ours en peluche
teddy bear

armoire
oteropo

vêtements

diaparo

chaussettes
masokisi

bas
masokisi

collant
pentihouso

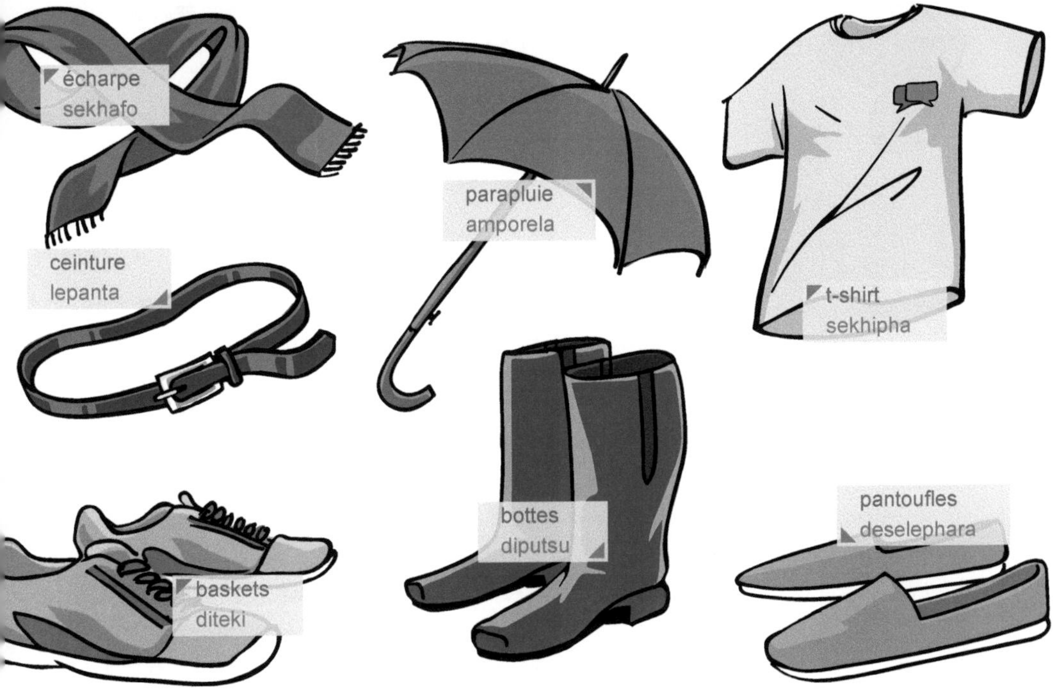

écharpe
sekhafo

parapluie
amporela

t-shirt
sekhipha

ceinture
lepanta

bottes
diputsu

pantoufles
deselephara

baskets
diteki

sandales

ramphešane

chaussures

dieta

bottes de caoutchouc

diputsu tša rabara

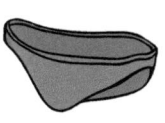

sous-vêtements

borokgwana bja ka fase

soutien-gorge

seaparo sa bra

maillot de corps

besete

body
....
mmele

pantalon
....
marokgo

jean
....
pokathe

jupe
....
sekhethe

chemisier
....
seaparo sa blouse

chemise
....
hempe

pull
....
jase

sweat à capuche
....
jase

veste
....
seaparo sa blazer

veste
....
baki

manteau
....
jase

imperméable
....
jase ya pula

costume
....
khosetumo

robe
....
roko

robe de mariée
....
lešira

costume

sutu

chemise de nuit

seaparo sa go robala

pyjama

dipejama

sari

sari

foulard

sekafo

turban

turban

burqa

seaparo sa burqa

caftan

roko ya kaftan

abaya

abaya

maillot de bain

seaparo sa go rutha

maillot de bain

diteranka

short

marukgwana a manyenyane

tenue d'entraînement

terekesutu

tablier

apron

gants

ditlelafo

bouton

konope

lunettes

digalase

bracelet

boreiselete

collier

nekeleise

bague

palamonwana

boucle d'oreille

lengena

bonnet

kepisi

cintre

hengere ya jase

chapeau

kefa

cravate

thai

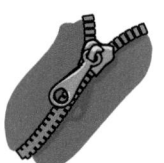

fermeture éclair

zip

casque

helmete

bretelles

braces

uniforme scolaire

diaparo tša sekolo

uniforme

unifomo

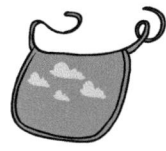

bavoir

seaparo sa bib

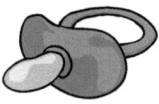

sucette

tami

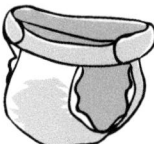

lange

mongato

bureau

ofisi

serveur
sebara
armoire d'archivage
lekase la difaele
imprimante
phrinthara
papier
letlakala
écran
monitharaw
souris
mouse
bureau
tafola
classeur
foldara
clavier
keybhoto
chaise
setulo
ille à papier
ete ya matlakala a ditšhila
ordinateur
khomphutha

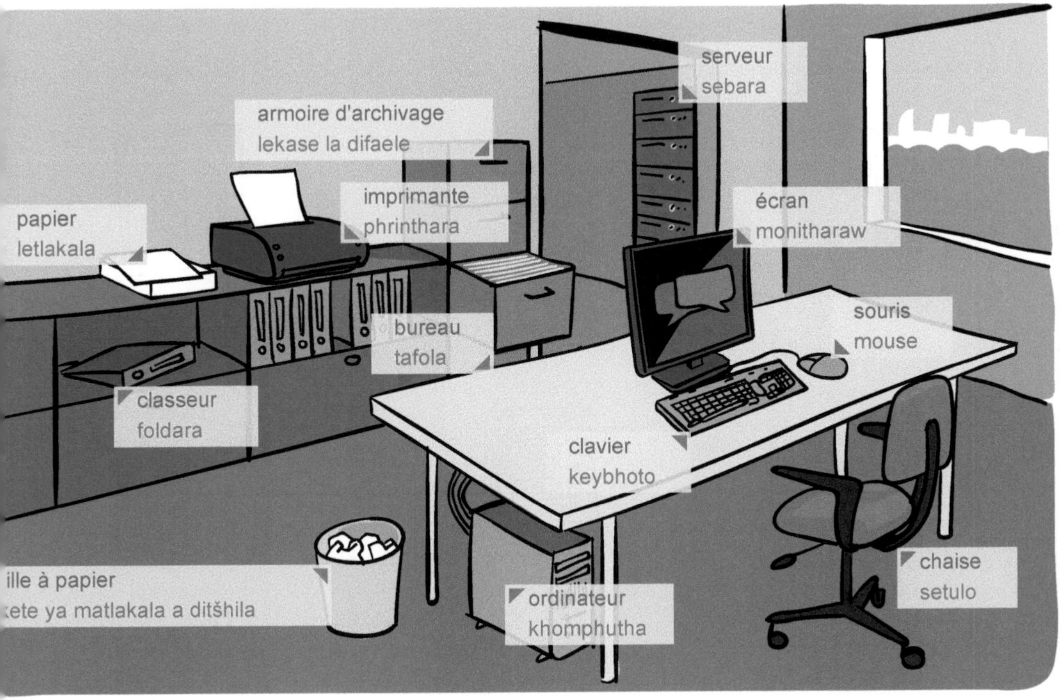

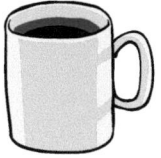

tasse de café

komiki ya kofi

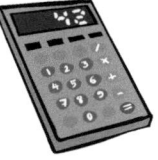

calculatrice

khalekhuleitha

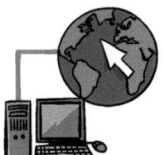

internet

inthanete

ordinateur portable

laptop

lettre

lengwalo

message

molaetša

portable

mogalathekeng

réseau

netweke

photocopieuse

motšhene wa go
photokhopa

logiciel

software

téléphone

mogala

prise

pholaka ya sokete

fax

motšhine wa go fekesa

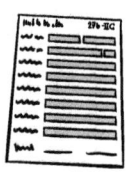

formulaire

fomo

document

dipampiri

acheter

reka

payer

lefa

faire du commerce

rekiša

monnaie

tšhelete

dollar

dollar

euro

euro

yen

yen

rouble

rouble

franc suisse

Swiss franc

renminbi yuan

renminbi yuan

roupie

rupee

distributeur automatique

lefelo la go ntšha tšhelete

bureau de change

lefelo la go fetola tšhelete

or

gauta

argent

silifera

pétrole

oil

énergie

matla

prix

poraese

contrat

konteraka

taxe

motšhelo

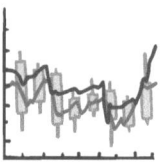

action

setokho

travailler

mošomo

employé

mošomi

employeur

mothwadi

usine

feketori

magasin

lebenkele la dijo

agent de police
lephodisa

pompier
setimamollo

cuisinier
apea

médecin
ngaka

pilote
mofofiši wa difofane

jardinier
mohlokomedi wa dirapana

menuisier
mmetli

couturière
moroki

juge
moahlodi

chimiste
khemise

acteur
mmapadi

conducteur de bus

mootledi wa pase

chauffeur de taxi

mootledi wa thekisi

pêcheur

moswara dihlapi

femme de ménage

mosadi wa go hlwekiša

couvreur

molokiša marulelo

serveur

weithara

chasseur

motsomi

peintre

motho wa go penta

boulanger

mopaki

électricien

electrician

ouvrier

moagi

ingénieur

moenjeneare

boucher

selaga

plombier

polambara

facteur

mosepediši wa poso

soldat

mohlabani

architecte

mothadi wa dintlo

caissier

morekiši

fleuriste

molemi wa matšoba

coiffeur

mologi wa moriri

contrôleur

molaodi

mécanicien

mekhenikhe

capitaine

mokapotene

dentiste

ngaka ya meno

scientifique

rathutamahlale

rabbin

moruti

imam

moetapele wa dithapelo

moine

monk

prêtre

moruti

outils
didirišwa

marteau
hamola
pinces
tang
tournevis
screwdriver
clé
sepanere
torche
lebone

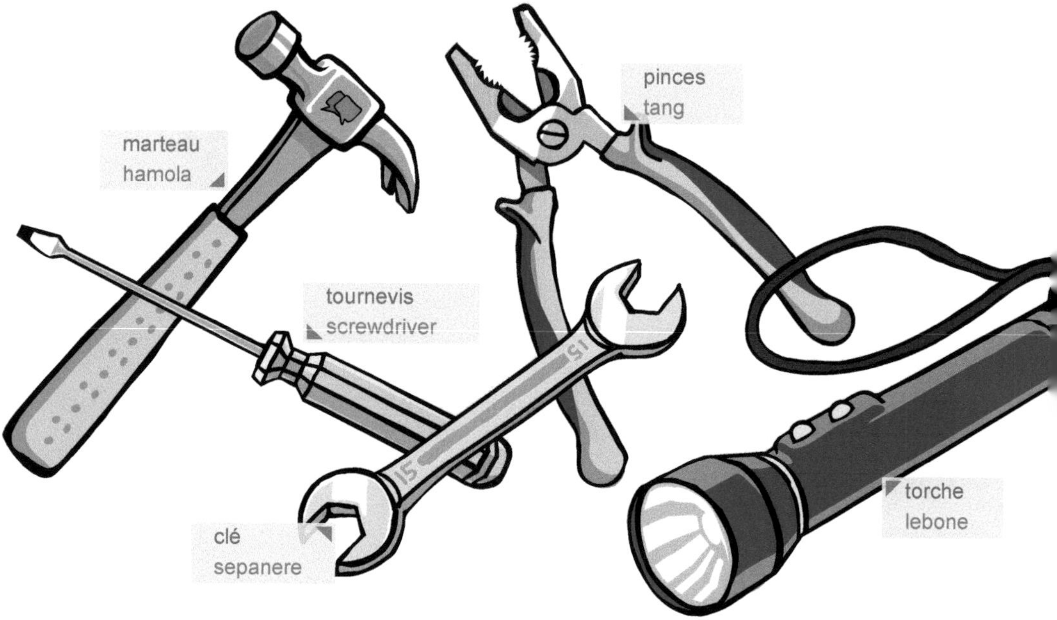

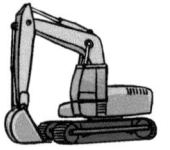

pelleteuse

seepi

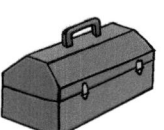

boîte à outils

lepokisi la dithulusi

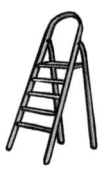

échelle

llere

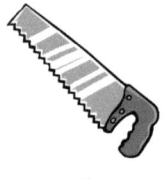

scie

saga

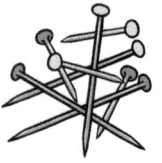

clous

dipikiri

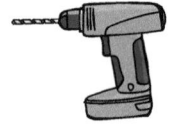

perceuse

sebori

réparer

lokiša

pelle

garafo

Mince !

ijoo!

pelle

seolela matlakala

pot de peinture

pitša ya pente

vis

sekurufu

instruments de musique
didirišwa tša mmino

batterie
diteramo

haut-parleurs
segaša modumo

guitare
katara

contrebasse
beise ya gabedi

trompette
porompeta

piano

piano

violon

violin

basse

beise

timbales

timpani

tambour

diteramo

piano électrique

keybhoto

saxophone

saxophone

flûte

phala

microphone

mmaekrofouno

entrée
tsela ya go tsena

tigre
lengau

cage
legaga

zèbre
pitse

alimentation animale
dijo tša diphoofolo

panda
bere

animaux

diphoofolo

éléphant

tlou

kangourou

kangaroo

rhinocéros

tšhukudu

gorille

gorilla

ours

bere

chameau

kamela

autruche

mpšhe

lion

tau

singe

tšhwene

flamand rose

nonyana ya flamingo

perroquet

nonyana ya parrot

ours polaire

bere ya polar

pingouin

penguin

requin

shark

paon

phikoko

serpent

noga

crocodile

kwena

gardien de zoo

mohlokomedi wa di zoo

phoque

sili

jaguar

jaquar

poney

pokolo

léopard

lepogo

hippopotame

hippo

girafe

thutlwa

aigle

lenong

sanglier

kolobe ya naga

poisson

hlaphi

tortue

khudu

morse

walrus

renard

phiri

gazelle

phuthi

american Football
kgwele ya Amerika

cyclisme
go reila paesekela

tennis
thenese

basket-ball
basketball

natation
go rutha

boxe
ntwa ya matswele

hockey sur glace
hockey ya lehlweng

football
kgwele ya maoto

badminton
badminton

athlétisme
bakitimi

handball
polo ya matsogo

ski
skiing

polo
polo

activités
mediro

sauter
taboga
embrasser
gokara
rire
sega
marcher
sepela
chanter
opela
rêver
lora
prier
rapela
faire la bise
atla

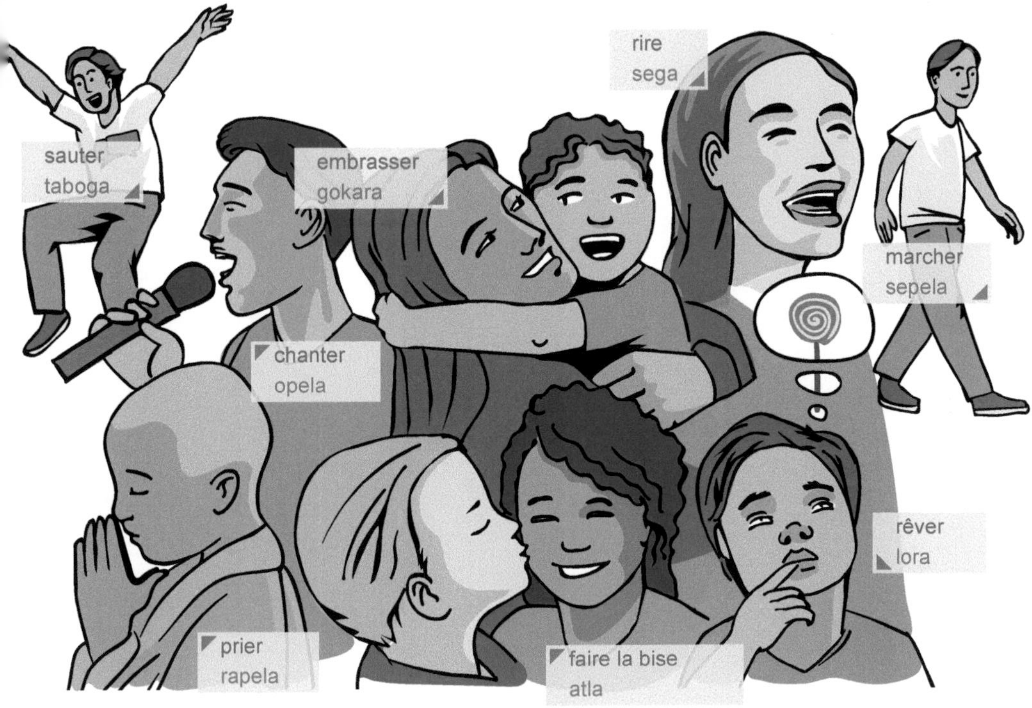

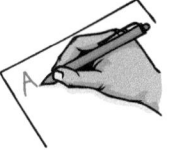

écrire
ngwala

dessiner
thala

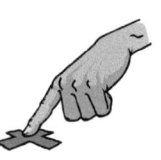

montrer
bontšha

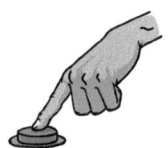

pousser
kgorometša

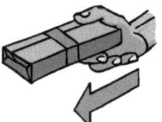

donner
efa

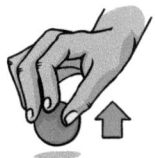

prendre
tšea

avoir

e ba le

faire

dira

être

eba

être debout

ema

courir

kitima

trier

goga

jeter

lahlela

tomber

e wa

être couché

maaka

attendre

emanyana

porter

rwala

être assis

dula

s'habiller

go apara

dormir

robala

se réveiller

tsoga

regarder

lebelela

pleurer

lla

caresser

seterouko

peigner

kamo

parler

bolela

comprendre

kwešiša

demander

botšiša

écouter

theetša

boire

e nwa

manger

eja

ranger

hlwekiša

aimer

lerato

cuire

apea

conduire

otlela

voler

fofa

faire de la voile

sesa

calculer

khalekhuleitha

lire

bala

apprendre

ithute

travailler

mošomo

se marier

nyala

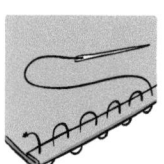

coudre

roka

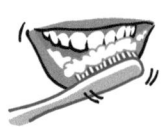

brosser les dents

hlapa meno

tuer

bolaya

fumer

kgoga

envoyer

romela

famille
lelapa

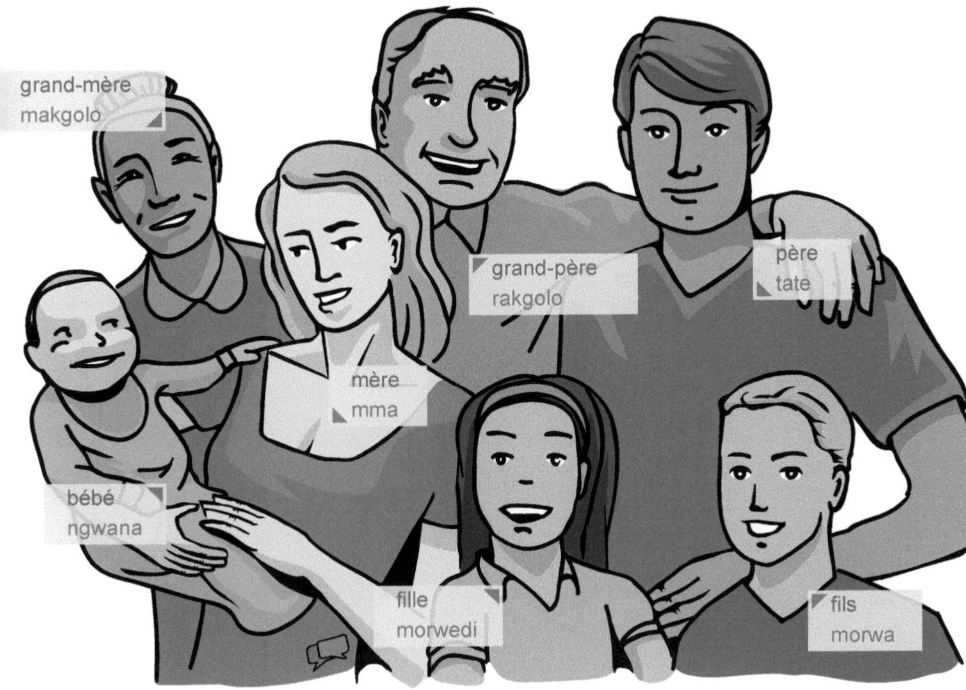
grand-mère
makgolo
grand-père
rakgolo
père
tate
mère
mma
bébé
ngwana
fille
morwedi
fils
morwa

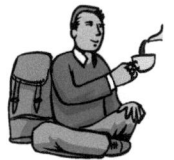

hôte

moeng

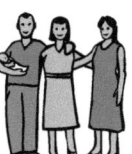

tante

rakgadi

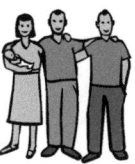

oncle

malome

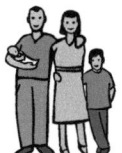

frère

abuti

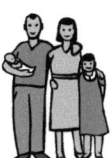

sœur

sesi

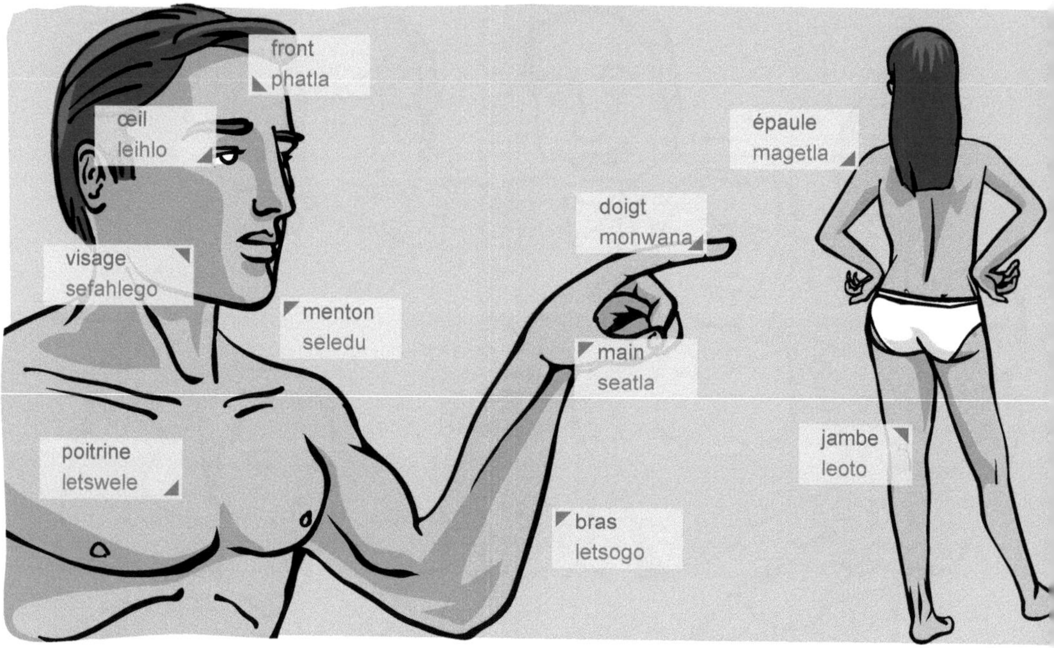

front
phatla

œil
leihlo

épaule
magetla

doigt
monwana

visage
sefahlego

menton
seledu

main
seatla

poitrine
letswele

jambe
leoto

bras
letsogo

bébé
ngwana

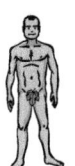

homme
monna

femme
mosadi

fille
kgarebe

garçon
mošemane

tête
hlogo

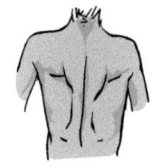

dos
morago

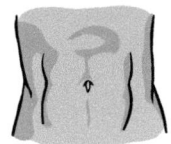

ventre
mokhaba

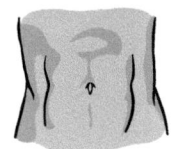

nombril
mokhubu

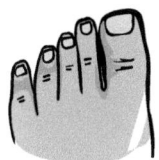

orteil
monwana

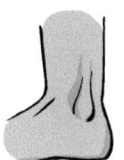

talon
tlhako

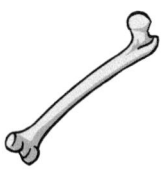

os
lerapo

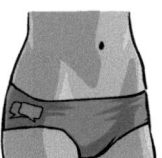

hanche
matheka

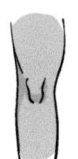

genou
leoto

coude
khuru

nez
nko

fesses
tlase

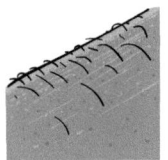

peau
letlalo

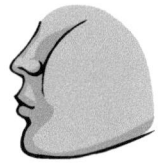

joue
lerama

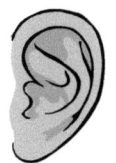

oreille
tsebe

lèvre
molomo

bouche

molomo

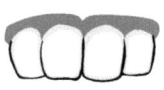

dent

leino

langue

Leleme

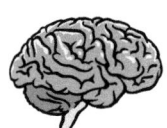

cerveau

bjoko

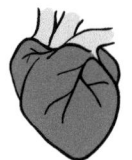

cœur

pelo

muscle

segoba

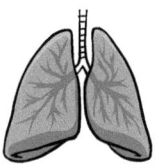

poumons

maswafo

foie

sebete

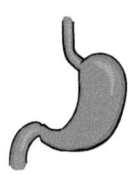

estomac

mala

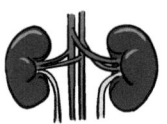

reins

diphsio

rapport sexuel

thobalano

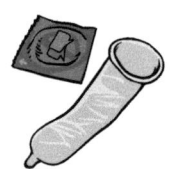

préservatif

condom

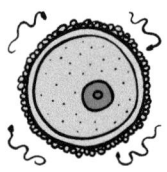

ovule

Ovum

sperme

matshedi

grossesse

go ima

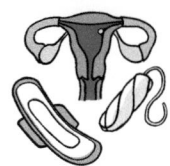

menstruation

go bona kgwedi

vagin

setho sa bosadi

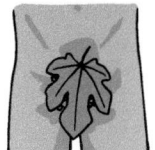

pénis

setho sa bonna

sourcil

dintši

cheveux

moriri

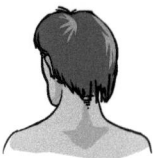

cou

molala

hôpital
sepetlele

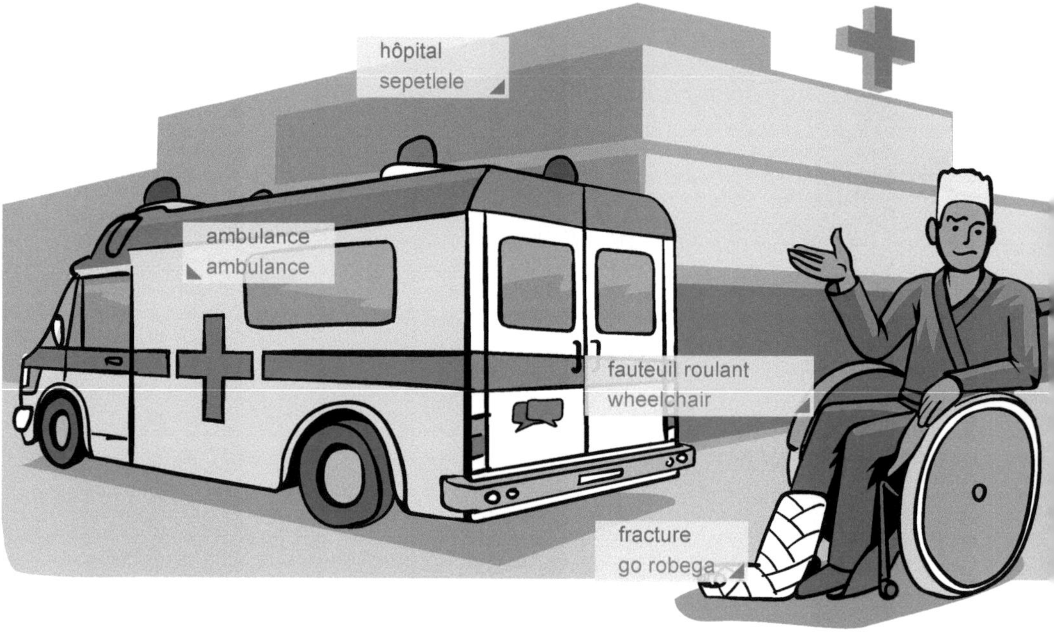

hôpital
sepetlele
ambulance
ambulance
fauteuil roulant
wheelchair
fracture
go robega

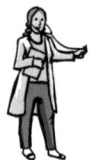

médecin
ngaka

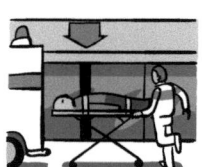

service des urgences
phapoši ya tša tšhoganetšo

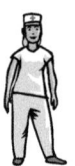

infirmière
mooki

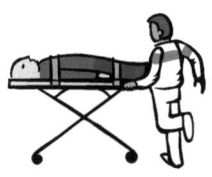

urgence
tšhoganetšo

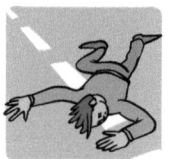

inconscient
go idibala

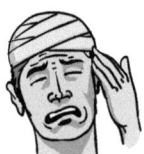

douleur
bohloko

blessure
go gobala

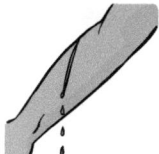

hémorragie
go tšwa madi

crise cardiaque
bolwetši bja pelo

attaque cérébrale
setorouko

allergie
ge mmele o ganana le dijo

toux
go gohlola

fièvre
go gohlola

grippe
sehuba

diarrhée
letšhollo

mal de tête
go opa ke hlogo

cancer
kankere

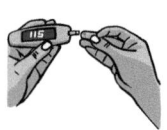

diabète
swikiri

chirurgien
mmui

scalpel
thipa ya scalpel

opération
go bulwa

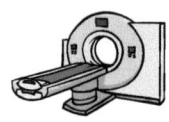

CT

CT

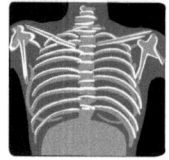

radiographie

x-ray

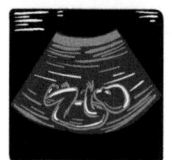

échographie

ultrasound

masque

sethiba sefahlego

maladie

bolwetši

salle d'attente

phapoši ya go leta

béquille

lehlotlo

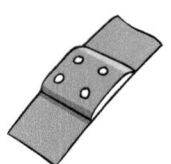

pansement

sedirišwa sa plaster

pansement

lešela la ntho

injection

nalete

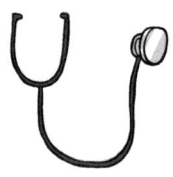

stéthoscope

sthehosekoupo

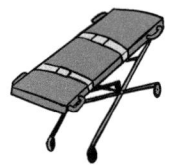

brancard

seteretšhara

thermomètre

themoketha ya kgathelelo

accouchement

go belebga

surcharge pondérale

mmele o mogolo

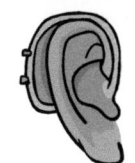

appareil auditif

sethuša ditsebe

désinfectant

disinfectant

infection

twatši

virus

baerase

VIH / sida

HIV / AIDS

médicament

dihlare

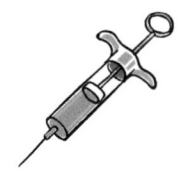

vaccination

tlhabelo ya go thibela
malwetši

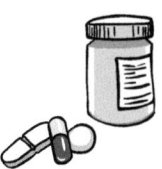

comprimés

dipilisi

pilule

pilisi

appel d'urgence

mogala wa tšhoganetšo

tensiomètre

sehlahlobi sa pelo

malade / sain

go babja / phetše gabotse

Au secours !

Thušo!

alarme

alamo

assaut

go tšhošetšwa

attaque

tlhaselo

danger

kotsi

sortie de secours

go tšwa ka tšhoganetšo

Au feu!

Mollo!

extincteur

setimamollo

accident

kotsi

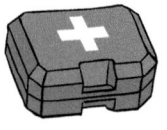

trousse de premier secours

first-aid kit

SOS

SOS

police

maphodisa

Europe

Yuropa

Amérique du Nord

Amerika Bodikela

Amérique du Sud

Amerika Borwa

Afrique

Afrika

Asie

Asia

Australie

Australia

Océan atlantique

Atlantic

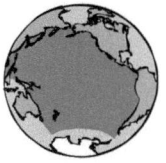

Océan pacifique

Pacific

Océan indien

Lewatle la India

Océan antarctique

Lewatle la Antarctic

Océan arctique

Lewatle la Arctic

pôle nord

North Pole

pôle sud
South Pole

Antarctique
Antarctica

terre
Lefase

pays
naga

mer
noka

île
island

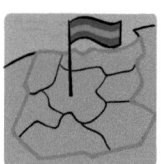

nation
naga

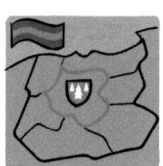

état
state

cadran
sešupanako sa dinomoro

aiguille des heures
diiri tša sešupanako

aiguille des minutes
metsotso ya sešupanako

aiguille des secondes
metsotswana ya
sešupanako

Quelle heure est-il ?
Ke nako mang?

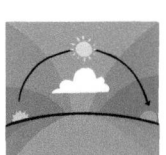

jour
letšatši

temps
nako

maintenant
gona bjale

montre digitale
sešupanako sa dinomoro

minute
metsotso

heure
iri

semaine
beke

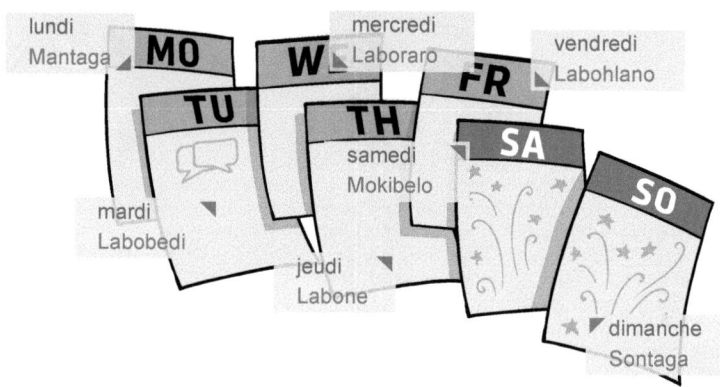

lundi
Mantaga

mardi
Labobedi

mercredi
Laboraro

jeudi
Labone

vendredi
Labohlano

samedi
Mokibelo

dimanche
Sontaga

hier

maobane

aujourd'hui

lehono

demain

ka moswana

matin

mesong

midi

Thapama

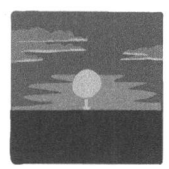

soir

mantšiboa

MO	TU	WE	TH	FR	SA	SU
1	2	3	4	5	6	7
8	9	10	11	12	13	14
15	16	17	18	19	20	21
22	23	24	25	26	27	28
29	30	31	1	2	3	4

jours ouvrables

matšatši a kgwebo

MO	TU	WE	TH	FR	SA	SU
1	2	3	4	5	6	7
8	9	10	11	12	13	14
15	16	17	18	19	20	21
22	23	24	25	26	27	28
29	30	31	1	2	3	4

week-end

mafelobeke

année

ngwaga

pluie
pula
arc-en-ciel
molalatladi
neige
lehlwa
vent
phefo
printemps
seruthwane
automne
lehlabula
été
selemo
hiver
marega

4.APRIL 11°
5.APRIL 4°
6.APRIL 13°
7.APRIL 8°
8.APRIL 10°

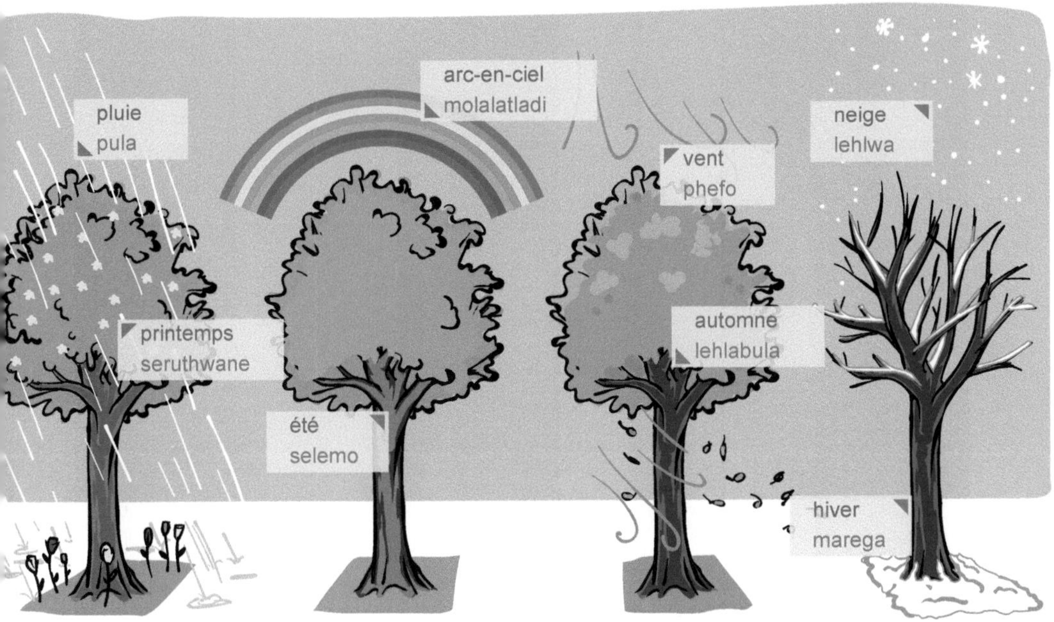

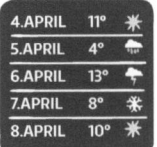

météo

tsebišo ya leratadima

F
C
120
90
60
30
0
-30
40
30
20
10
0
-10
-20

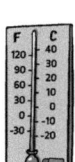

thermomètre

thermometer

lumière du soleil

mahlasedi a letšatši

nuage

maru

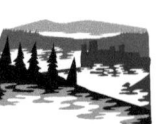

brouillard

kgudi

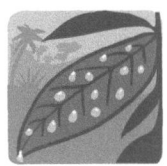

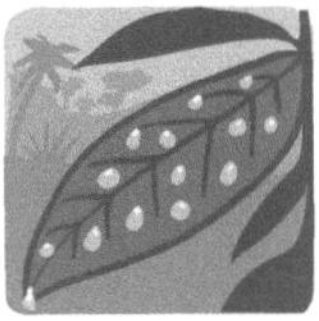

humidité

go koloba

foudre

legadima

tonnerre

legadima

tempête

ledimo

grêle

sefako

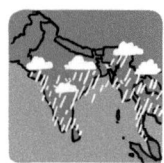

mousson

ledimo

inondation

lefula

glace

lehlwa

janvier

January

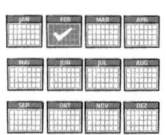

février

February

mars

March

avril

April

mai

May

juin

June

juillet

July

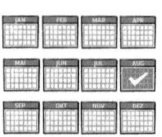

août

August

année - ngwaga

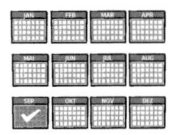

septembre
....
September

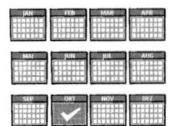

octobre
....
October

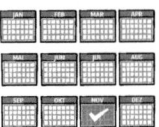

novembre
....
November

décembre
....
December

formes

dibopego

cercle
....
nthokolo

carré
....
sekwere

rectangle
....
rectangle

triangle
....
theraekele

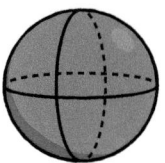

sphère
....
nthokolo

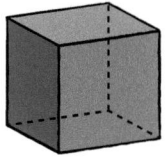

cube
....
cube

blanc

tshweu

jaune

kheri

orange

namone

rose

pinki

rouge

khubedu

violet

phepholo

bleu

pududu

vert

tala

marron

tshehla

gris

kerei

noir

bontsho

beaucoup / peu

še dintši / tše dinyenyane

fâché / calme

befetšwe / theotše maswafo

joli / laid

botse / befile

début / fin

mathomo / mafelelo

grand / petit

kgolo / nyenyane

clair / obscure

seetša / leswiswi

frère / soeur

abuti / sesi

propre / sale

hlwekile / ditšhila

complet / incomplet

feletše / ga se e felele

jour / nuit

mosegare / bošego

mort / vivant

hwile / o sa phela

large / étroit

go bulega / go tswalelega

comestible / incomestible

e a jega / ga e jege

méchant / gentil

bobe / go loka

excité / ennuyé

mahlahlo / go tšwafa

gros / mince

bokoto / bosese

premier / dernier

mathomo / mafelelo

ami / ennemi

mogwera / lenaba

plein / vide

e tletše / ga e na selo

dur / souple

tiile / e bonolo

lourd / léger

ya roba / e bobebo

faim / soif

tlala / mokhoro

malade / sain

go babja / phetše gabotse

illégal / légal

ga e molaong / e molaong

intelligent / stupide

bohlale / lešilo

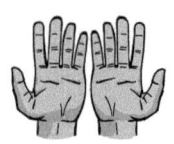

gauche / droite

le letshadi / le letona

proche / loin

kgaufsi / kgole

nouveau / usé

mapsha / e dirišitšwe

rien / quelque chose

selo / se sengwe

vieux / jeune

motšofadi / mofsa

marche / arrêt

laeta / tima

ouvert / fermé

bula / tswalela

faible / fort

homola / rasa

riche / pauvre

go huma / go diila

correct / incorrect

e lokilego / e sa lokago

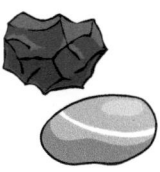

rugueux / lisse

makgwakgwa / go thelela

triste / heureux

go nyama / go thaba

court / long

mokopana / motelele

lent / rapide

go nanya / go kitima

mouillé / sec

go koloba / go oma

chaud / froid

borutho / go tonya

guerre / paix

ntwa / khutšo

0

zéro

nnoto

1

un / une

tee

2

deux

pedi

3

trois

tharo

4

quatre

nne

5

cinq

tlhano

6

six

tshela

7

sept

šupa

8

huit

seswai

9

neuf

senyane

10

dix

lesome

11

onze

lesome tee

12

douze

lesome pedi

13

treize

lesome tharo

14

quatorze

lesome nne

15

quinze

lesome tlhano

16

seize

lesome tshela

17

dix-sept

lesome šupa

18

dix-huit

lesome seswai

19

dix-neuf

lesome senyane

20

vingt

masomepedi

100

cent

lekgolo

1.000

mille

sekete

1.000.000

million

milione

anglais

Seisemane

anglais américain

Seisemane sa Amerika

chinois mandarin

Sechina sa Mandarin

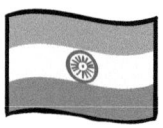

hindi

Sehindi

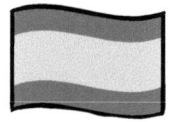

espagnol

Spanish

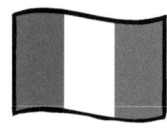

français

Sefora

arabe

Searabic

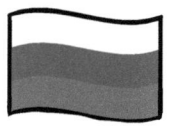

russe

Serašia

portugais

Sepotokisi

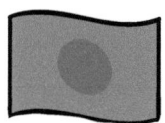

bengali

Sebengali

allemand

Sejeremane

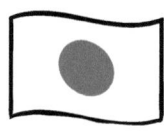

japonais

Sefapane

je
Nna

tu
wena

il / elle / ce, c', cela
yena / yona

nous
rena

vous
wena

ils / elles
bona

Qui ?
bomang?

Quoi ?
eng?

Comment ?
bjang?

Où ?
mo kae?

Quand ?
neng?

nom
leina

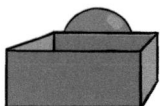

derrière

ka morago

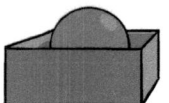

dans

go

devant

kgaufsi le

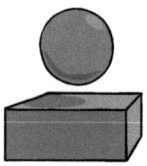

au-dessus

godimo ga

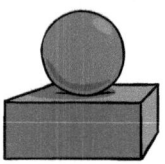

sur

go

en-dessous

ka tlase ga

à côté de

ka lehlakoreng la

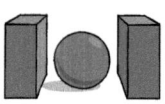

entre

magareng ga

lieu

lefelo